Gedankenmixer

Eric Jean Hofacker Graf de Humidor

Bibliografische Information der Deutschen Nationalbibliothek

Die Deutsche Nationalbibliothek verzeichnet diese Publikation in
der Deutschen Nationalbibliografie; detaillierte bibliografische
Daten sind im Internet über dnb.d-nb.de abrufbar.

Impressum

© 2010 Birgit Grund-Hofacker

Texte und Zeichnungen: Erich „Ede" Hofacker
Umschlagfoto: Klaus Hofacker

www.gedankenmixer.de

Gestaltung + Satz:
MultiMedia Service Dipl.-Ing. (FH) Thomas Petigk
www.MuMeS.de

Herstellung und Verlag:
Books on Demand GmbH, Norderstedt

ISBN 9783839185179

inhaltsverzeichnis

inhaltsverzeichnis

dieses buch ist mehrdimensional nutzbar.

sie können es lesen, sie können es auch ständig

zitieren und damit eindruck schinden,

sie können es vor allem in alle nur erdenklichen

richtungen drehen und erhalten damit – sozusagen

im handumdrehen ein – drehbuch.

RADI

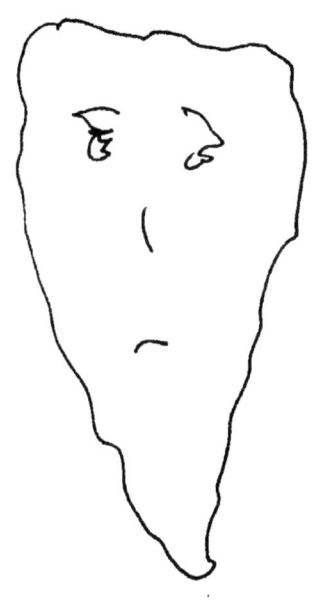

RADi KAHL

bei meinen wortanordnungen kann man sehr gut

zwischen den zeilen lesen, da ich einen großen

zwischenzeilenabstand gelassen habe.

für alle, die es noch klarer wollen, habe ich im

folgenden werk auch die zeilen weggelassen, um so

noch ungestörter zwischen ihnen lesen zu können.

ein hase saß im tiefen tal

das tal war breit, der hase schmal

der hase saß im grünen gras

da rief er aus: „hier rauch ich was!"

da wurden seine augen weit

das tal ward eng, der has war breit

ein uhu sitzt auf einem baum

es ist nacht, man sieht ihn kaum

er wirkt wie tot, obwohl er lebt

ist er mit pattex festgeklebt?

zack !!!

er hat 'ne maus gefangen

sie ist ihm auf den leim gegangen

drum:

willst du nicht zu früh in die grube

siehst du uhu – drück auf die tube

leimleid

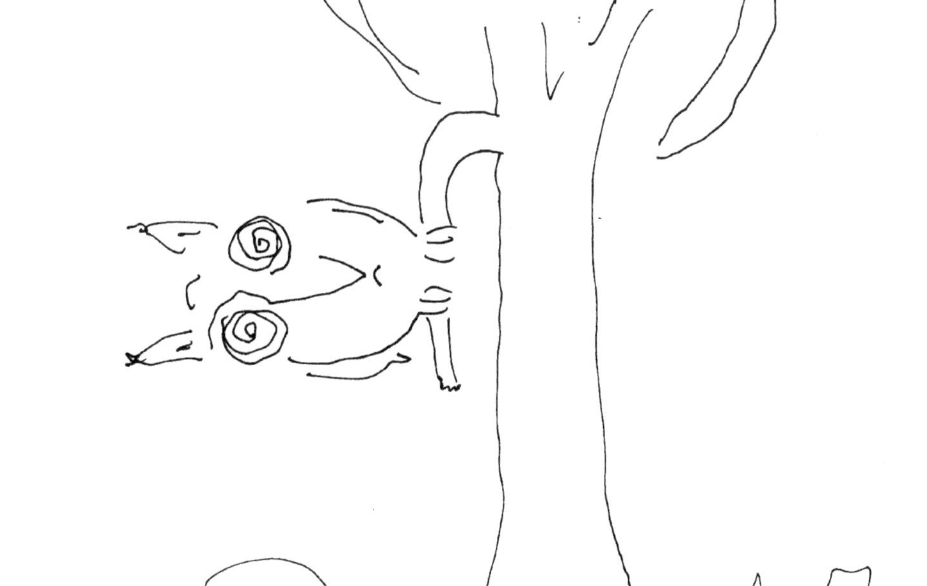

ein igel traf mal eine ratte

die ärger mit den haaren hatte

die ratte fragte: „sag mir nur,

wie machst du diese punkfrisur?

die ist echt rattenscharf und geil

wie hältst du deine bürste steil?"

„fass an! ich mach' daraus kein' hehl!"

die ratte tat's und schrie: „iiiihh gel!"

p.s.

die ratte zog ganz cool bilanz:

„dafür hab' ich den größ'ren schwanz!"

free sir

hunde machen ihre haufen

gern dort hin, wo menschen laufen.

die sind dann oftmals nicht entzückt,

wenn sich ihr fuß in einen drückt.

und sie verfluchen unverhohlen,

zick-zack-profil in gummisohlen.

wären die sohlen glatt wie glatzen,

müssten sie nicht so viel kratzen.

(so! jetzt wisst ihr's ganz genau,

verein der glatzköpfe e.v.)

häufige hunde haufen

Hunde haufen

heißt es: der kuh, die kuh oder das kuh

es heißt auf jeden fall: das Q

wenn jemand ein O kaufen will,

aber ein Q bekommt,

es allerdings nicht sofort bemerkt,

kann es passieren,

dass er ausruft: „aaah! ein O!".

dann erkennt er,

dass es gar kein O ist

und schreit: „iiihh! ein Q!"

das ist dann ein sogenannter IQ-test.

also —

fassen wir noch mal zusammen:

das Q, wenn es alleine steht,

der Q, wenn ein i davorsteht.

kann eine kuh fliegen?

sie muss! sonst könnte es nicht heißen:

„er hat einen coup gelandet".

das geht auf keine Q-haut.

es war einmal ein blindes huhn, das fand kein korn.
da traf es einen mann, der schmerzen
an den füßen hatte.

„was hast du?", fragte das huhn.

der mann antwortete: „hühneraugen,
ich habe hühneraugen!"

„oh", sagte das huhn, „hast du's gut."

da stöhnte der mann: „du hast ja keine ahnung!!
die tun weh am zeh!!"

da wurde das huhn melancholisch: „ach, das leben ist
ungerecht! du hast etwas, das du gar nicht haben
willst und ich bin, weil's mir fehlt, blind.
das ist schwer einzusehen."

da rief der mann: „ach was!! laß uns einfach
einen korn trinken!"

so kam das blinde huhn doch noch zu seinem korn

ich hatte neulich nasenbluten.

ach, hatten sie auch schon ... harmlos? na ja! also wie gesagt ... es begann ganz harmlos, beim mittagessen. es gab tomatensuppe, sehr heiß – da läuft mir die nase, passiert mir öfters beim heißesuppenessen – aber diesmal war es anders.

rote, blutrote tropfen tröpfelten in meine tomatenrote tomatensuppe.

meine tochter schrie entsetzt auf: „iiiiihhhh, wie eklig!" was mich so erschreckte, dass ich mit einer unkontrollierten bewegung den wasserkocher vom küchenschrank schlug, heißes wasser schwappte meiner frau auf die beine, sie sprang mit einem wilden schrei auf, als gerade meine schwiegermutter die küche betrat, mit ihr zusammenprallte und – von dem stoß herumgewirbelt – durch's geschlossene küchenfenster zwei stockwerke tief auf ein vorbeifahrendes müllauto fiel, was den fahrer des müllautos so erschreckte, dass er mit vollgas in eine aral-tankstelle raste, wo sich ein aushilfstankwart

gerade eine zigarette anzündete und dadurch das
auslaufende benzin der von dem müllauto
abgerissenen tanksäule zur explosion brachte und
damit eine druckwelle auslöste, die das
radarfrühwarnsystem der naheliegenden
bundeswehrkaserne aktivierte ...

es kam zu einem atomaren erstschlag und vielen
nuklearen gegenschlägen. die erde und die menschen
wurden komplett vernichtet.

nur ich wurde, weil ich mich gerade nach einem
taschentuch bückte, mit dem ich mir meine blutende
nase abwischen wollte, von dem druck der explosion
in ein kosmisches wurmloch geschleudert, das mich in
dieses paralleluniversum katapultierte, in dem es
anscheinend eine ewigkeit dauert, bis man an der
hotelbar eine bloody mary bekommt ...

gestatten! klick ... maus klick!

ich bin unzufrieden, immer an der schnur. ständig drückt jemand auf meinen ohren rum. und schauen sie sich mal meinen aktionsradius an! ich trete faktisch auf der stelle.

ich bin befreundet mit else, einer grauen hausmaus. sie besucht mich öfters.

„ich beneide dich!", sagte sie kürzlich, „du hast einen festen job, bist in der hightechbranche, hast direkten zugang zum internet."

wenn die wüsste!

tatsache ist doch, dass ich gar nicht weiß, was ich da mache. ich weiß nur, dass ich den ganzen tag herumrolle und klicke.

und genaugenommen kann ich *internet* und *inder im net* nicht unterscheiden.

oder heißt das *inder sind nett*, auch wenn sie nach curry riechen ???

WEINBERGSCHNECKE

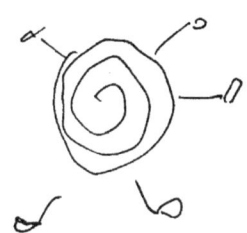

Geh'n – Manipuliert

Schneckentrieb

VON WEGEN
SCHNECKENTEMPO!

FLUTSCH

CHEOPS — SCHNECKE

Schnick-Schnack-Schnecke, Das ist vielleicht modern, aber ob das auch bequem ist???

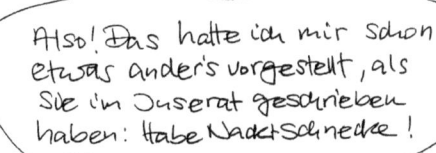

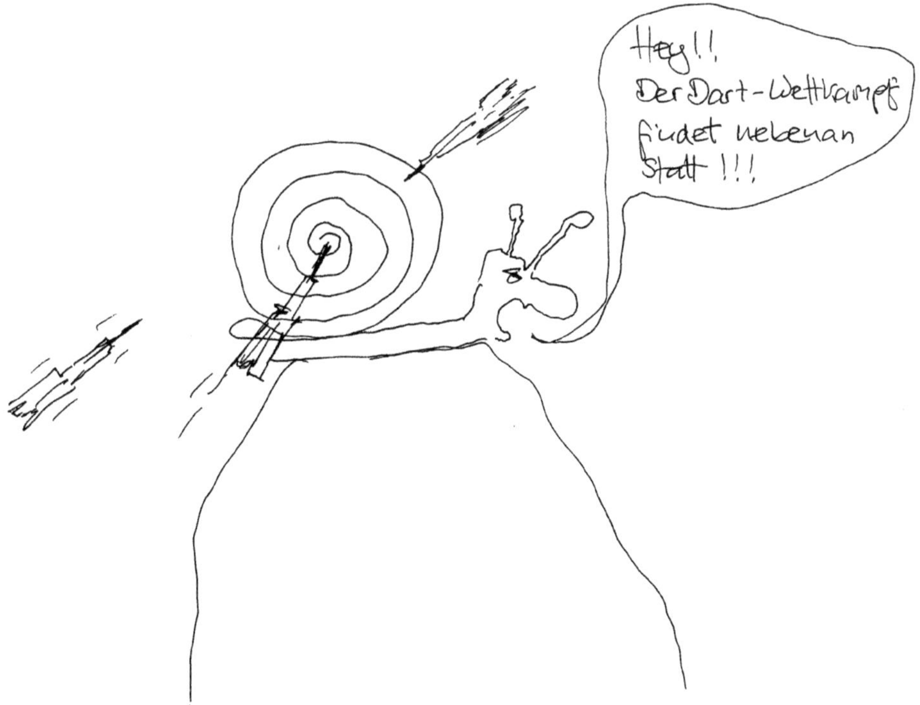

FKK-Strand

Nur für
Nacktschnecken
100 mtr. ⟶

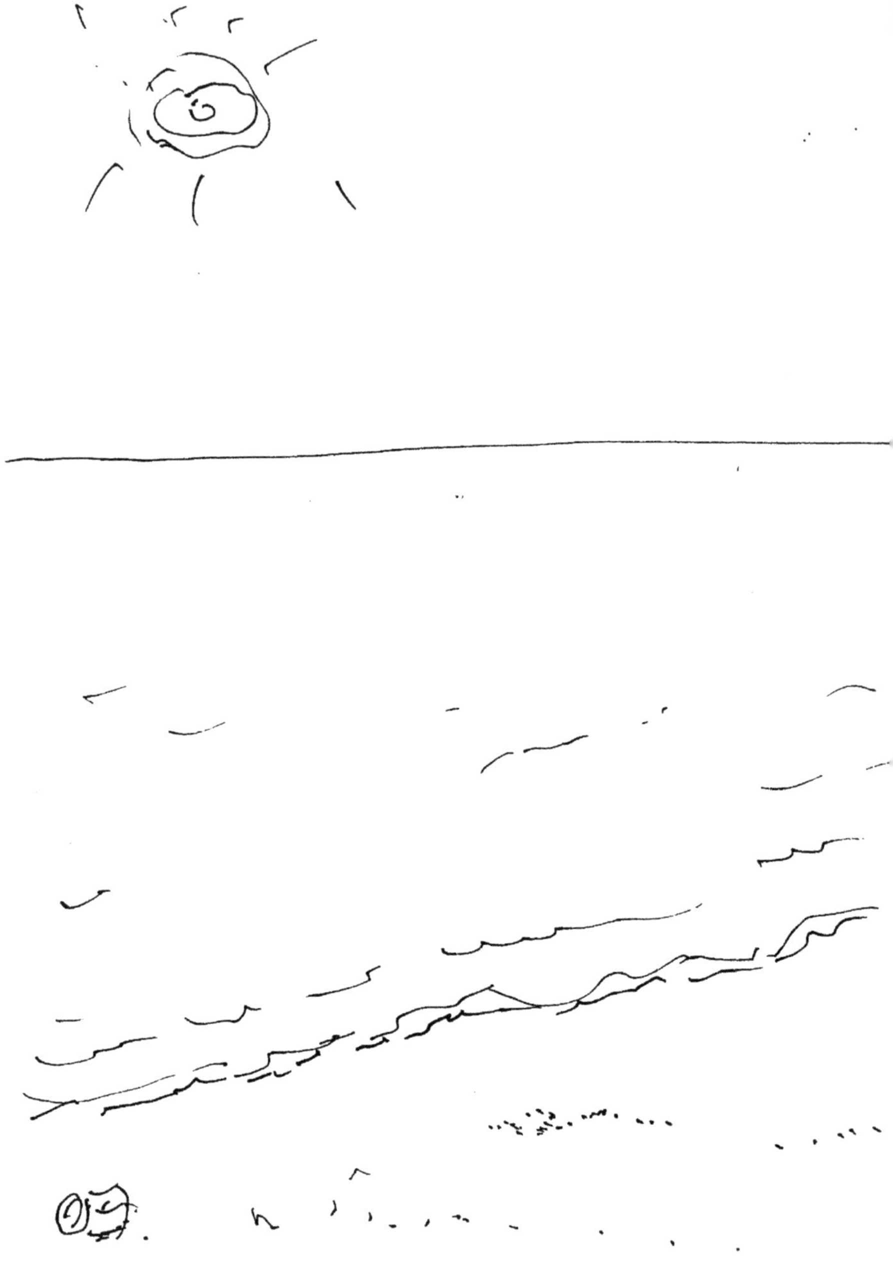

immer mehr Meer
verschwand
am Strand
im Sand
und war nicht mehr Meer

so saß er nun am mittelmeer

und hatte keine mittel mehr

bis zum hals stand ihm das wasser

denn auf dem trock'nen saß er

unflüssig

der deoroller machte einen freudlosen eindruck,
als er bei seinem therapeuten auf der couch lag.
er kam ohne umschweife zur sache:

„ich habe angst zu versagen. 24 stunden! 24 stunden
– das ist die messlatte. so lange muss ich halten. mein
deo hat mich im stich gelassen... das ist die
höchststrafe, das todesurteil. danach sind sie fertig.
out of buisness sozusagen.

dabei, mir stinkt mein job. immer nur achselhöhlen,
immer das letzte aus sich herausquetschen zu müssen!
... aber wenigstens im privaten stimmt alles. meine
frau ist phantastisch. wir arbeiten in der gleichen
branche. sie ist ein deospray. sie kennt meine
probleme – immer im dienst gegen den
unangenehmen geruch – das schweißt zusammen.
dabei ist meine frau ein ganz anderer typ als ich. sie
sprüht immer vor energie ... ich habe eher das gefühl,
dass ich mich bei der arbeit total aufreibe.

meine frau kommt ja auch aus allererstem hause. ich
hingegen bin minderer herkunft. Ich komme vom
wühltisch, eine tatsache, die mich immer wieder
aufwühlt. dabei habe ich durchaus innere werte! wenn
ich ihnen zum beispiel erzählen würde, wer alles mit

mir zusammen abgefüllt wurde – zack! markenetikett drauf ... aber bitte! diskretion ist in unserem geschäft ehrensache.

trotzdem bleiben da meine ängste vor der zukunft. ich fühle mich immer leerer. richtig ausgetrocknet. vor kurzem musste ich 24 stunden auf dem kopf stehen, damit ich nicht trockenlaufe. es war erniedrigend. und zum ersten mal dachte ich über das unvermeidliche nach, was wir alle verdrängen: altglascontainer!

neben mir im toilettenschränkchen steht eine alte flasche jodtinktur. ihr verfallsdatum ist schon abgelaufen. sie redet den ganzen tag nur vom container. der reine horror. sie malt uns in grellen farben aus, was uns erwartet: eingeklemmt zwischen verschimmelten, fettigen mayonnaisegläsern, umzingelt von alkoholikern friste man sein dasein ...

aber noch schlimmer ist: ich fange an zu grübeln, was danach kommt. gibt es ein leben nach dem altglascontainer? gibt es recycling?

mir bleibt nur eine hoffnung, dass die, die mir einst nahestanden, sagen: er war ein dufter typ ...

der nebel hat sich verdichtet,

die verdachtsmomente haben sich verdichtet,

und wenn meine reime klemmen,

habe auch ich mich verdichtet.

hat dichtung noch eine chance?

die qualität einer dichtung ist abhängig vom druck.

ist der druck zu klein, ist sie schwer zu lesen.

ist der druck zu groß, geht die dichtung kaputt,

der motor kann beschädigt werden.

das kann dramatische folgen haben.

die dichtung ist der motor der sprache.

Der Dichter & seine
Dichtungen
Der Richter & alle
Richtungen

dichtungsdruck

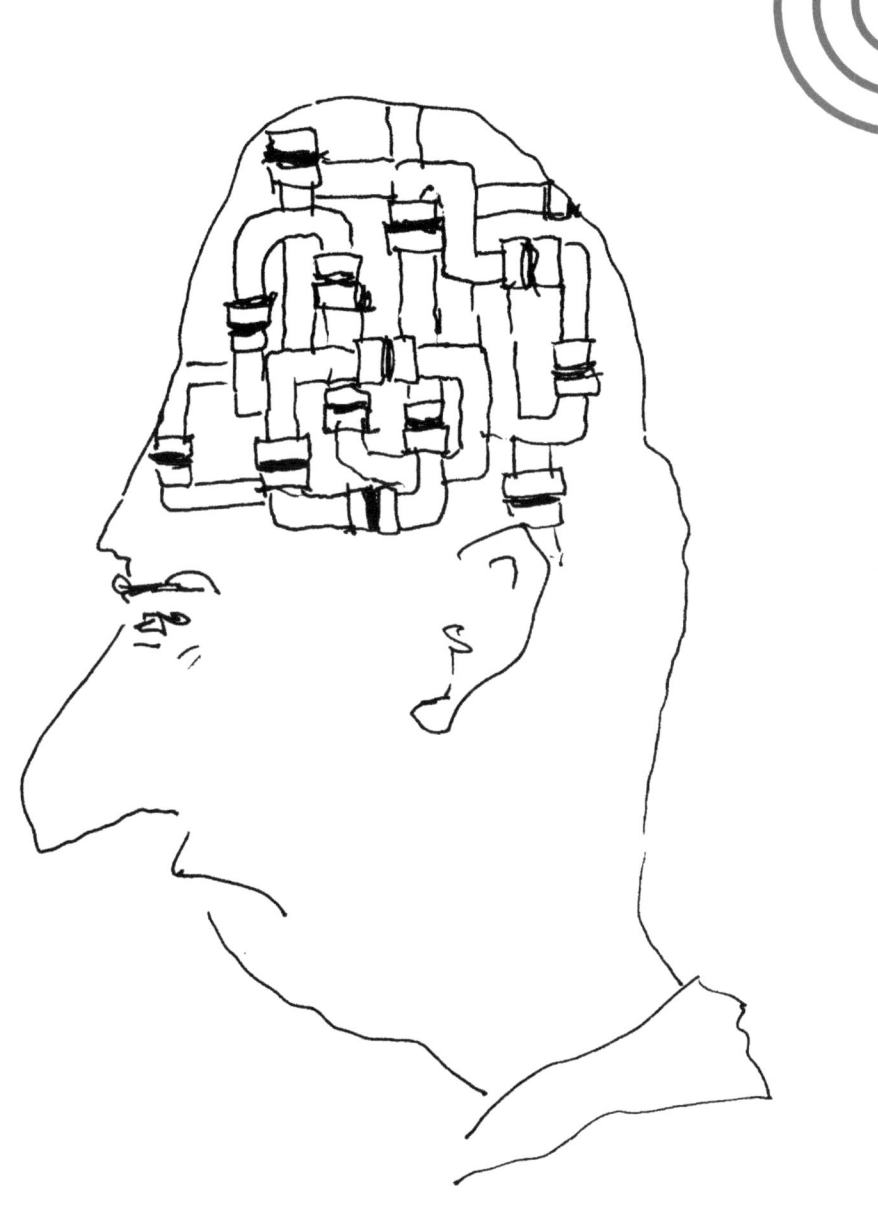

die klobürste sagte:

„alles scheiße!"

da entgegnete die kloschüssel:

„was glaubst du, was ich alles runterschlucken muss?"

die klobrille beschwerte sich:

„männer ohne brille – da kriege ich ständig einen auf den rand!"

die kacheln riefen:

„ihr habt ja keine ahnung, wir stehen ständig mit dem rücken an der wand und einige von uns werden dabei noch angepinkelt."

da wurde es der badewanne zuviel:

„hört auf, euch in eurem selbstmitleid zu baden. bei mir geht's ständig rein und raus und jeder lädt seinen dreck bei mir ab. ich fühle mich so schmutzig!"

die waschmaschine verlor die beherrschung:

„ich wollte mich eigentlich raushalten. aber bei wem

sindbadausstattungen verzweifelt?

wird denn immer die dreckige wäsche gewaschen?
und dann geht's erst richtig rund. ich habe schon ein
schleudertrauma!"

da schrie die lampe:
„schluss damit! mir platzt gleich die birne!"

und so geschah es. die zahnseide stöhnte:
„seid ihr jetzt zufrieden? mir ist auch schon der
geduldsfaden gerissen."

(fortsetzung folgt, sobald die birne ausgewechselt ist.)

wie kannst du so viel schreiben ?

ich will mir nur die zeit vertreiben !

wie kommst du nur auf die ideen ?

ich muss nur in die sterne sehen !

was willst du uns damit sagen ?

das musst du die sterne fragen !

es gibt dichter,

die sind näher an der wahrheit als andere dichter.

es gibt aber auch dichter,

die sind praktischer veranlagt als andere dichter.

wenn ein praktisch veranlagter dichter

seiner frau verspricht,

dass die neue dichtung

wirklich dichter ist als die alte dichtung

und dann der keller überschwemmt ist,

muss er sich nicht wundern,

wenn seine frau zu ihm sagt:

„du bist doch nicht ganz dicht!"

dichtung und Wahrheit

transrapid

fährt mit speed

transvestit

geht gern mit

schnell und ohne stress

transexpress

transparent

den inhalt kennt

transportwege – transportabel

schreib tisch!!!
er wollte nicht hör'n
du stock fisch!!!
er ließ sich nicht stör'n

so war er, der sogenannte schreibtisch
ein glatter fehlkauf.
ich hatte ihn erworben in der trügerischen hoffnung,
er könne mir etwas arbeit abnehmen.
aber nein! egal, was ich auch tat, er tat nichts.
er schrieb kein einziges wort.

du kommst auf den müll!!!
da sperrte er sich
und auch mein gebrüll
störte nur mich

da stand er nun dumm rum. ich wollte eine schublade
aufmachen: aha! verklemmt ist er also auch.
da kam mir eine idee: meine steuererklärung musste
längst gemacht werden.

mit dir ist es aus!!!
deine zeit wird knapp
ich schmeiß dich raus!!!
ich schreibe dich ab

gespenstisch

fantastisch

plastisch

plastiktisch

tischmanieren

manieristisch

tischleindecktisch

willie der pirat

fuhr zum pier mit seinem rad

sein rad fing plötzlich feuer

schlimm!!! denn gutes rad ist teuer

in einem alten gemäuer spukte ein geist,

der war sehr geistreich und immer geistesgegenwärtig.

deshalb nannten ihn alle kollegen den eiligen geist.

und wenn er himbeergeist getrunken hatte,

konnte er sich so begeistern,

dass er den ganzen tag (da geister nachts arbeiten also

zur schlafenszeit) lauthals geistliche lieder sang.

alle geisterkollegen riefen deshalb:

„der geht uns auf den geist!!!

und wenn er seine geisteshaltung nicht ändert,

können wir nur hoffen,

dass er bald seinen geist aufgibt."

(ich hoffe, die letzte geschichte war ihnen nicht zu geistlos.)

geisterstunde

... von einem, der auszog, sich auszuziehen,

weil er sich anziehen ließ vom geld,

das er einziehen konnte,

eine tatsache, der sich keiner entziehen kann.

da er das geld nun beziehen kann,

muss er auch jetzt keine miene mehr verziehen.

es sei ihm verziehen ...

stripteeth (zähne zum ausziehen)

ich bin hesse.

allerdings nicht hermann.

dafür sind wir ordinären durchschnittshessen in der

lage, die kompliziertesten sprachlichen artikulationen

auf ein aussagekräftiges minimum zu reduzieren.

so ersetzt ein hesse einen komplexen satz wie:

„ich habe ihre anfrage sowohl kognitiv wie wohl auch

zum teil ganz einfach rein akustisch nicht vollständig

rezipiert, könnten sie ihn deshalb bitte noch einmal

wiederholen?!?", durch ein einfaches: „Ä???"

A!

erst war das SCHWEINFURT

dann waren die OCHSENFURT

am ende war auch noch FRANKFURT

da kann man mal sehen, wohin das FÜRTH

$$\overline{\pi} + p' + \text{(peanut shape)} = \text{NUTS}$$

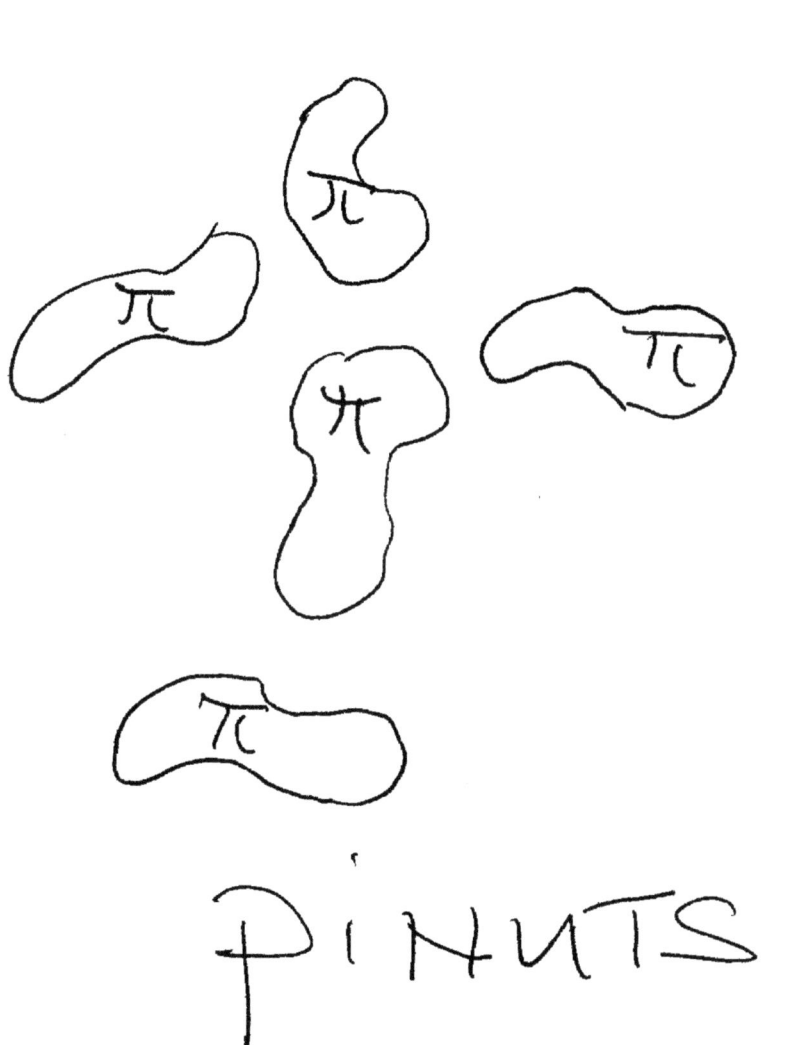

PiNUTS

der rechenkünstler blieb ganz cool

selbst beim zahnarzt auf dem stuhl.

der zahnarzt hat im mund gewühlt

dem mann mal auf den zahn gefühlt.

er murmelt leise vor sich hin:

„ich glaub, ich muss die wurzel ziehn."

da hat der mann gequält gelacht:

„das hab ich auch schon oft gemacht."

sein konto war mal wieder in den roten

zahlen konnte er deshalb nicht mehr

die rechnungen von sonderangeboten

belasteten sein konto schwer

mit hochrotem kopf und schneeweißen knöcheln saß

er neben ihr auf dem beifahrersitz.

zahlen wirbelten ihm durch den kopf.

898,- EUR monatl.

72 monate laufzeit

23.000,- EUR anzahlung

48.000,- EUR restwert

schweißperlen traten ihm auf die stirn.

an der ampel. ich höre ein hämmerndes geräusch.

panik!

scheiße! schon wieder die kurbelwelle.

ich mache den motor aus, aber das wummernde

hämmern ist noch da.

ich schwitze. 34° C.

langsam drehe ich den kopf zur seite.

in einem 5er BMW sitzen vier jungs mit

wollmützen, einer mit ziegenbart und nicken

im takt. hammergeräusche – techno.

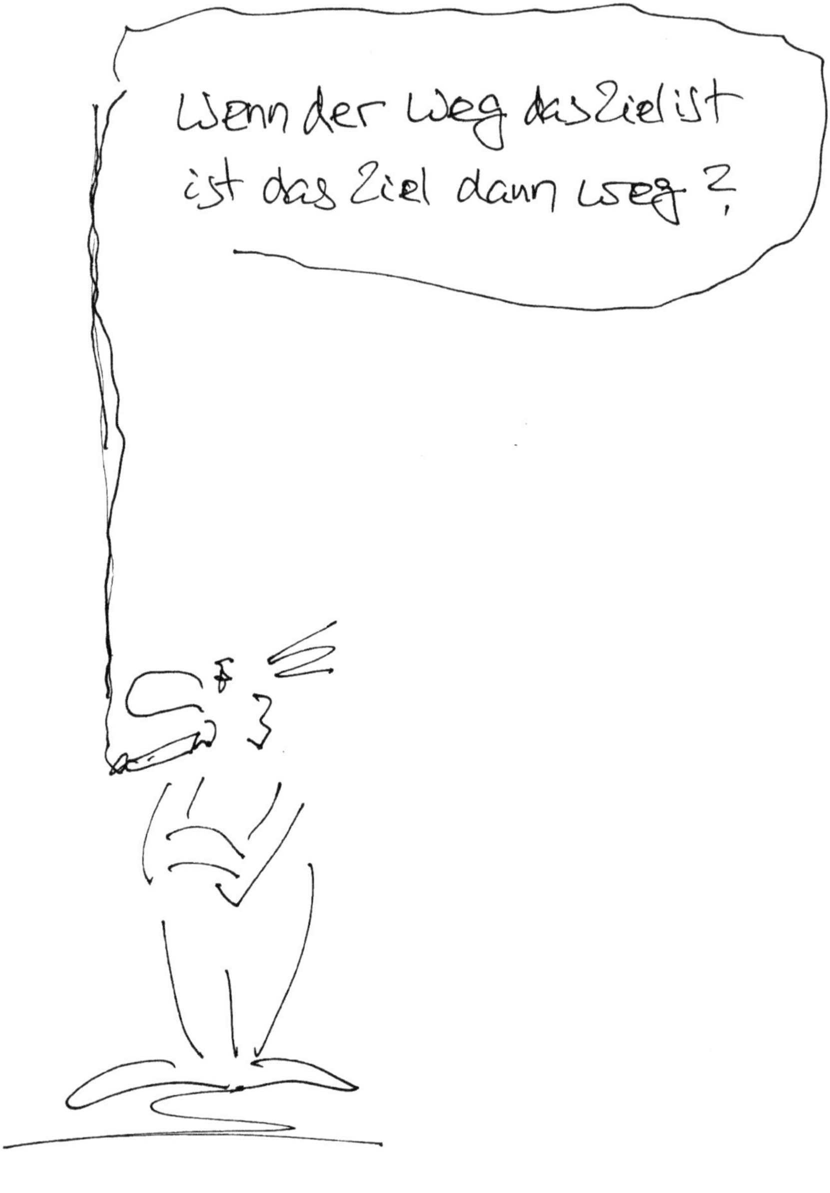
Wenn der Weg das Ziel ist
ist das Ziel dann weg ?

Ist Vielfalt das Gegenteil von Einfalt? Wenn ja, wie kann jemand viele Falten haben und trotzdem ein- fältig sein?
Und:
Gibt es nicht vielfältige Formen der Einfalt?

ER HATTE EINEN ULTRAECHTEN TAUSENDWASSER
AN DER WAND HÄNGEN; DENN ER WAR REICHER
ALS EINE DOMRATTE. ER LEGTE EINE PLATTE AUF
SEIN URALTES KILOPHON UND ES ERKLANG DER
SUPERMEGAHIT: millionenmal berührt, billionenmal
ist alles passiert ...

SEINE GEDANKEN SCHWEIFTEN IN DIE FERNSTE.
LICHTJAHRHUNDERTE ENTFERNT IN DER
SAHNESTRASSE DES WELTÜBERALLS. GANZ
FRÜHER WAR ER HUNDERTKÄMPFER UND ER
SPRANG ÜBER ALLE
MÜLLMEGABRUTTOREGISTERTONNEN.

HATTE SEIN ÜBERLEBEN NOCH UND NÖCHER
VIELE SINNE?

ENDLICH IN DER UNENDLICHKEIT ...

vielleicht bin ich ja auf dem holzweg, aber ich bin ein sehr bodenständiger typ, stämmig und tief verwurzelt in meiner heimat. gut, ich habe manchmal einen in der krone und habe mich tatsächlich schon des öfteren in der öffentlichkeit entblättert. ehrlich gesagt, mache ich das regelmäßig. aber es gibt auch zeiten, da kann ich richtig über mich hinauswachsen.

nur kommt dann garantiert jemand und stutzt mich zurecht, indem er mich total beschneidet in meinem expansionsdrang. wie soll ich mich da entfalten?

aber vielleicht hat das auch seine positiven seiten: ich würde mit meiner natürlichen größe allen um mich herum den himmel verdunkeln.

trotzdem habe ich es nicht nötig, mich von jedem blöden hund anpinkeln zu lassen ...

na ja! am besten einfach die seele baumeln lassen!

es fing, glaube ich, mit kurt an.

irgendwann sagte heinz:

„er ist nicht mehr einer von uns."

wir fanden uns damit ab, zumal wir

keine abfindung bezahlen mussten.

dann war es heinz selbst, der sich verändert hatte.

wir mussten akzeptieren, dass auch er

nicht länger einer von uns war.

und eines tages war ich der letzte, der übrig

geblieben war und ich erkannte, dass auch ich nicht

mehr einer von uns sein konnte.

aber, wenn es nun einmal so ist, dass keiner von uns

mehr einer von uns ist, also unter uns gesagt:

„wer sind uns?"

unter uns

der alte mann ging zu einer bank und sagte:

„ich habe hier einen sack, machen sie mir den mit

geld voll!"

„kein problem", sagten die banker.

der alte mann ging zur sandbank und sagte:

„ich habe hier einen sack, bitte machen sie ihn

voll sand."

„kein problem", sagten die sandmänner.

der alte mann ging zur samenbank und sagte:

„ich habe hier einen sack, bitte machen sie mir den

voll samen!"

„hau ab, du alter sack!!!"

sackgasse

in der schule war er schlecht im rechnen,

deshalb schrieb er immer ab.

er wurde ein erfolgreicher geschäftsmann

und sehr berechnend.

er schrieb alles von der steuer ab.

nun lag er auf der intensivstation.

er sagte seiner frau:

„mit mir könnt ihr nicht rechnen,

man hat mich bereits abgeschrieben."

rechnen und schreiben

die büroklammer sagte:

„wissen sie, ich bin an und für sich schwer auf draht.

nur, wenn sich im büro einer langweilt, fummelt er an

mir rum. da haftet mir gleich der ruf an, die klammert

sich an jeden.

gestern hat einer sogar versucht, aus mir einen kreisel

zu machen. da bin ich durchgedreht. ich bin nicht

mehr bereit, mich durch meinen job verbiegen zu

lassen ..."

Der Büroklammerkreisel – auch Sakai-Kreisel genannt – geht auf den japanischen Physik-Professor Takao Sakai zurück, der im Jahr 1986 seinen Studenten folgende Übungsaufgabe gab: Biege lediglich aus einer Büroklammer einen funktionsfähigen Kreisel.
Zum Ausprobieren gibt es im Internet zahlreiche Anleitungen hierzu.

der zeitgeist ist zu arm an zeit

um reich an geist zu sein

aber:

allzu geistreiches kann dir mit der zeit

auch auf den geist gehen

soissesissesnichso?

es war einmal eine schöne prinzessin, die hatte alles, alles außer charakter und sie wusste, was sie wollte. sie wollte alles außer charakter – hauptsache, es war schwer zu kriegen. und sie wollte zu abend essen, am liebsten froschschenkelsalat, das war ihr lieblingsessen. natürlich war sie verwöhnt und gab sich nur zufrieden mit froschschenkelsalat, hergestellt aus spezialfröschen. und nun weiß jeder, dass spezialfrösche nichts anderes sind, als verwunschene prinzen, die zurücktransformiert wurden. also holte man 1000 hübsche prinzen mit kräftigen schenkeln auf das schloss. die prinzessin küsste alle der reihe nach und verwandelte sie so zurück in schmackhafte frösche – spezialfrösche. so war das abendessen gerettet. gemüsebeilagen waren nicht nötig. die prinzessin hatte bereits einen an der erbse.

der fußboden beklagte sich:

„ich fühle mich ganz klar gemoppt!"

die tapete sagte:

„oh ja!! ich fühle mich auch immer so gemustert."

die fußmatte schwieg betreten

die geigerin sprach ständig vom strich,

obwohl sie nie auf selbigen ging.

die prostituierte,

der bestimmt einiges gegen den strich ging,

hatte dagegen den bogen raus.

Ich bin eine Single-Note!
Ich habe 'ne ganz
tolle Viertel kennen-
gelernt – punktiert –
ein „Cis" – echt scharf!
Sie stand in der upper-
Structure von einem
Jazz-Chord – echt cool!
Aber dann hat sie gesagt,
Sie sei des interessiert!
Wie hat sie das gemeint?!?

10.00 uhr aufsichtsratssitzung, 12.13 uhr treffen mit dr. schneider von der bhzw zum arbeitsessen, 14.24 uhr frisör, 14.32 uhr koordinations-meeting ...

oh ja! schön, dass ich da bin – übrigens: diesen termin konnte ich gerade noch dazwischen schieben. ich bin völlig außer atem. es war ein langer tag und ich habe die ganze zeit geatmet.
aber so geht es bei mir den ganzen tag:
hektik, hektik, hektik und wenn keine hektik ist – stress!

das beginnt bei mir schon morgens nach dem schlaf – diesem notwendigen übel – das frühstück. auch das ist bei mir natürlich streng durchorganisiert. zett beh ... tee: teebeutel in den mund, kochendes wasser drüber, zucker und zitrone nach geschmack. keine angst, tut nicht weh, man muss allerdings aufpassen, dass man sich nichts über die finger kippt.
aber so geht es bei mir den ganzen tag:
hektik, hektik, hektik und wenn keine hektik ist – stress!

und trotzdem bleibt zeit für familie und kultur. sex zum beispiel. sechs minuten brauche ich, um eine komplette

der hektiker

wagner-oper, eine beethoven-sinfonie und die neue
doppel-cd der toten hosen durchzuhören. natürlich mit
neunfacher geschwindigkeit.
oder literatur: karl may, sein großes werk das kapital – das
ist das ohne indianer – drei minuten quergelesen und die
sache ist erledigt.
oder mittwochs, meine frau und ich – ist eine sehr
sinnvolle tätigkeit – weil ich nebenher meinen englisch-
kurs laufen lassen kann.

aber die nerven – die nerven, die nerven, die nerven.
mein arzt sagt zu mir: „gehen 'se angeln – angeln
beruhigt die nerven!"
denk ich mir: „meine nerven sind mir wichtig."
ich habe eine frau abzubezahlen und ich liebe mein haus.
also denke ich mir: „tu' was für deine nerven."
ich, raus an den see zum angeln. morgens um vier;
kannste nachher noch was erledigen.

zack! hau ich die angel in den see, zieh das ding raus und
da – im ersten moment, kein biss. ich zurück in die city,
noch 20 angeln geholt, zurück an den see. die angeln
rund um den see verteilt, glöckchen oben dran.

und da klingelt auch schon nummer 4. ich hin, hol' das ding raus: ein riesenapparat. da klingelt angel 8. da hat's bei mir geklingelt. da ist ein geschäft drin. „glöckchenfische direkt aus dem see". ich sofort die ganze seenplatte aufgekauft, 'ne fabrik auf den berg gestellt zur verarbeitung der fische in konserven ...

also, angeln ist 'ne tolle sache. nur für die nerven – für die nerven können sie es vergessen.

oh, es vibriert in meiner hose – mein handy. ich muss weg. übrigens, dass sie hier sitzen und sich diesen quatsch anhören ... tut mir leid ... dafür hätte ich keine zeit.

tut ein gras nie rot — tor ein sarg nie tut

lager nie ein gurt eis — sie trug nie ein regal

grassargrenner

not – ton – lese – esel

lage — egal

rot – tor — rotor

TON TUT NOT

nie ein eis, fies! seif sie nie ein

anna tut bob tot - tot bob tut anna

lieg geil nun stets

fettaugen starrten mich an oder waren es hühneraugen? schwer zu sagen, auf jeden fall war es eine fettige fertighühnersuppe.

ganz harmlos sah sie aus. und doch sagte mir mein instinkt, dass da etwas nicht stimmte. das war ein ganz heißes ding, diese suppe.

und dann erstarrte ich. ein geheimer code schwamm in der fettigen brühe. das war das abgebrühteste und raffiniert gewürzteste, das mir je unter den löffel gekommen ist.

buchstaben!! verschwommen, aber klar zu erkennen, als harmlose nudeln getarnt. und wenn ich mit dem löffel hineinstach, änderte sich die konstellation der wabbeligen zeichen.

ein kybernetisch, chaostheoretischchiffrierter tütensuppencode!

na, dann GUTEN APPETIT.

warum nur liebt der franz soßen

biss mark hering aus den dosen

hatte friedrich schiller locken

wodurch ließ sich arti schocken?

und irgendwie interessiert uns auch

wenn man in essen essen kocht

kommt aus den essen rauch?

der kannibale erinnerte sich an seinen urlaub in europa:
aah, europa. frankfurt ... eine aufregende stadt, aber
das essen! ich habe ein paar frankfurter probiert. ganz
arme würstchen, nicht ganz so fade wie die wiener
oder hamburger! matschige dinger! ganz zu schweigen
von den berlinern, nur was für großmäuler. muss man
versuchen, in einem stück reinzukriegen, sonst
bekommt man fettige finger.
ich will jetzt erst mal nach amerika. die amerikaner
sollen ja sehr schmackhaft sein und es soll weiße und
schwarze geben.

kannibalen sind auch nur menschen

„vegetarisch, wir essen jetzt immer öfter vegetarisch",
lachte der kannibale.

„wir hatten letztlich einen touristen zum abendessen.
er hatte eine haut wie eine geschälte tomate, hahaha,
er hat wohl zu lange in der sonne gebraten. er hatte
eine weiche birne, blumenkohlohren und eine
kartoffelnase. seine augäpfel waren sehr vitaminhaltig.
aber das schönste war der kloß, den er im hals hatte.
meine frau hat ihm die nüsse geknackt und ihm dann
die rübe abgebissen; als nachtisch gab's dann noch
fußpilz."

oh, erschmecke nur diese gaumenfreuden.

den geschmack von thymian,

den sanften anflug des korianders,

gepaart mit einem würzigen hauch rosmarin.

oh! ich erahne es.

nur sage mir, was ist es, das mich hindert,

den genuss voll zu erfahren?

du depp! du musst die plastikfolie abziehen!!!

kulinarisches

rübe ging mit seinen freunden in eine kneipe.

sie tranken zu viel.

„oh! rübe, wir haben kein geld!"

plötzlich saß rübe alleine an seinem tisch.

die anderen waren gegangen.

durch's fenster riefen sie ihm noch zu:

„rübe zahl !!!!"

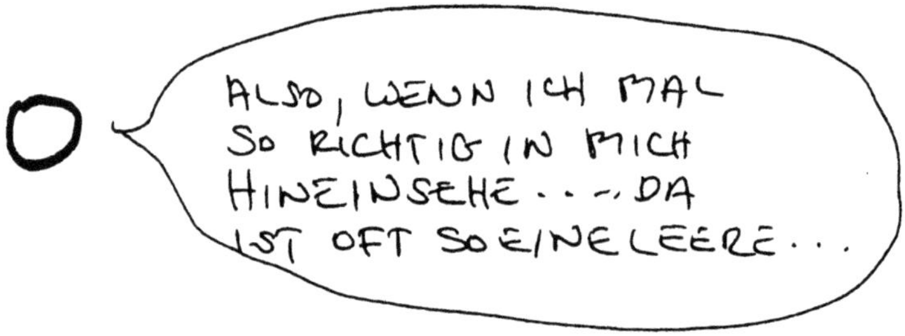
ALSO, WENN ICH MAL SO RICHTIG IN MICH HINEINSEHE . . . , DA IST OFT SO EINE LEERE . . .

A B C D E F G H I J K
L M N O P Q R S T . . . .

ICH BIN DER
TYPISCHE QUER-
EINSTEIGER,
FRÜHER WAR
ICH 'NE NULL

σ σ σ σ σ σ Q σ σ σ

ICH BIN EIN
SCHNÖRKEL-
LOSER TYP

007

OHNE MICH WÄREN DIESE
BEIDEN DOCH NULLEN UND
WÜRDEN WAHRSCHEINLICH
AUF IRGENDEINEM BAHN-
HOFSKLO ENDEN

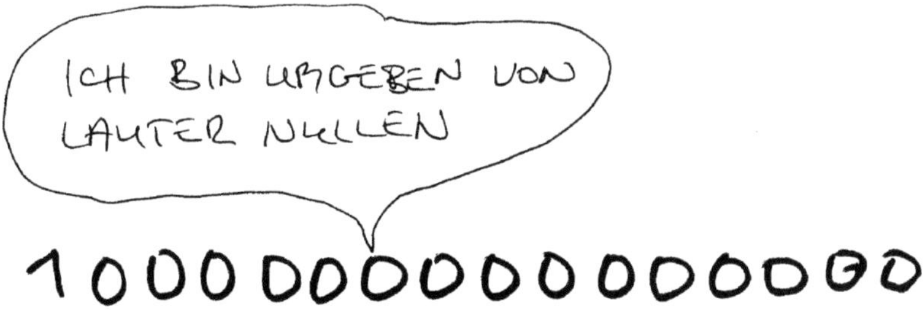
ICH BIN UMGEBEN VON LAUTER NULLEN
1000000000000000

es war einmal ein kleines kätzchen,

ein hübsches, süßes, sanftes schätzchen.

von allen katern heiß begehrt,

hat es sich jedoch stets gewehrt.

mit scharfen krallen, samt'nen pfoten

stopp! – sex ist bei mir ganz streng verboten.

und dennoch gab's gewisse zeiten,

da hatte es auch dunkle seiten.

denn fühlte es sich mal nicht wohl,

dann trank es zu viel alkohol.

und ist nach durchzechter nacht

mit einem kater aufgewacht.

ein älterer herr fährt mit seiner limousine

neben ihm seine junge, scharfe konkubine.

sie fahren auf 'nen parkplatz direkt am waldesrand

da gerät der greis dann außer rand und band.

das auto schlingert wild umher

das nennt man dann wohl greisverkehr.

es war einmal eine kleine, süße milch.

ganz weiß und frisch war sie.

sie hatte nur einen traum:

einmal getrunken werden.

sie wartete und wartete –

aber keiner kam und trank sie.

da wurde sie sauer .....

so nicht!

erst rammeln

dann stammeln

das meine herr'n

hamm'n die damen nicht gern

ich bin mir sicher ER war es.

wissen sie, ich bin kein religiöser mensch. ich habe auch keinen katholisator. der papst und seine unter ihm stehenden jungs sind für mich nur typen, die gerne kleider tragen. und weihnachten ertrage ich nur wegen der leckeren vanillekipferln meiner mutter.

und dann das!

königstädten, 3.19 uhr MEZ. plötzlich gleißendes licht! mein schlafzimmer ist erfüllt von einer helligkeit, das hellste hell, das ich je gesehen habe.

highway to hell – oder war es halleluja von händl, in der aufnahme von sir neville mariner und st. martin in the field, vielleicht auch kling glöckchen klingelingeling, die eintracht, die wird meister!?

der sound war überwältigend! er kam von überall, in dolby quatro stereo surround ...

und dann sprach ER! der HERR!

es war phantastisch. seine stimme hatte einen supersound! satte bässe, 350 millisekunden dolby, gespeist durch ein 40 ms pre-delay, dann durchlaufen von einem d-flanger, der die l 70 phasendifferenz zwischen den kanälen seiner göttlichen stimme so

und gott sprach ...

variierte, dass ein transzendierender, doule-detiggle vroom – gepaart mit einem subharmonic generator (shg), der die festbandkomponente entstand ...

... ob ich mich irren kann? nein! dieser sound war so überwältigend, so perfekt abgemischt – ich habe selbst bei pink floyd kaum etwas besseres gehört. nein! das konnte nur ER sein.

nur, was wollte er mir sagen? ich meine, er hat die ganze zeit geredet, immer mit diesem supersound auf der stimme ...

ich war müde, hatte am abend davor noch etwas schweres gegessen und dann dieser etwas zu laut abgemischte backgroundgesang der leichtbekleideten engelchen – tut mir leid! ich muss zugeben, ich habe kein wort verstanden. außerdem glaube ich, dass er hebräisch gesprochen hat und ich spreche nur mäßig französisch ...

wie auch immer, wenn´s was wichtiges war, kann er sich ja noch mal melden.

dem regal

war's scheißegal

was man in es stellte

oder dass man, um es zu bauen, bäume fällte

und trotzdem war es nicht entzückt

als man es herumschob ... wurde es verrückt

zwischen schaf und ziegenböcken

leben jungs in kurzen röcken

hör'! sie sprechen hart und knapp

und schotten sich nach außen ab

feinde können sie verscheuchen

mit gar schrecklichen geräuschen

so ging schon manchem mann im frack

das gedudel auf den sack

die jungs, die sammeln frische kräfte

durch das trinken scharfer säfte

ein limit gibt es dabei nicht

und ruckzuck sind die schotten dicht

es war einmal ein kleines glühlämpchenbirnchen,
das schlief eingehüllt in papier, umhüllt von einer
pappschachtel in einem regal. es hatte noch nie
geglüht. doch eines abends war es soweit. es
geschah an einem samstagabend in einer discothek.
dort schraubte man das kleine
glühlämpchenbirnchen genau in die mitte über
einen toilettenspiegel. und dann durchzuckte das
kleine lämpchen zum ersten mal dieses
elektrisierende kribbeln, das es zum glühen brachte.
hell leuchtete es auf. als das erste glücksgefühl
vorüber war, schaute sich das kleine
glühlämpchenbirnchen um. es schielte nach unten
und sah sein abbild in einem spiegel. es erschrak:
"o gott, ich bin ja völlig nackt ! man kann meinen
glühfaden sehn."

kurze erleuchtung

es wurde dem kleinen glühlämpchenbirnchen heißer

und heißer. „ich habe fieber, lampenfieber", stöhnte

es heiser.

gedämpft drang durch die geschlossene toilettentür

eine uralte weise: „saturday night fever." das kleine

glühlämpchenbirnchen vibrierte: „ich kann hier nicht

bleiben! die scham bringt mich um. ich muss hier

raus." da ist es durchgebrannt.

entschuldigen sie bitte, dass ich mich nicht setze,

aber es liegt mir mehr zu stehen.

in meinem job brauche ich stehvermögen,

nur so setze ich mich durch.

außerdem:

im sitzen laufe ich gefahr stehen zu bleiben,

deshalb stehe ich laufend

auf irgendwelchen sitzungen herum.

sitz!

provisorischer versuch einer ethnologisch –
geographischen erklärung der sprachkorrelanz
deutscher dialekte mit der englischen phonetik.

als die kontinente noch nicht getrennt waren, lagen
die länder schottland, wales und ohio noch direkt
neben bayern und sachsen – anhalt. anhaltende
regenschauer trennen jedoch kontinuierlich die
kontingente der kontinente. in der folge kam es zu
sprachseparationen, die jedoch bei genauerer
betrachtung umso beträchtlicher sind.

auf jeden fall werden untenstehende beispiele
beweisen, dass es oft nur marginale akzente sind; oft
auch nur der akzent, der den unterschied zwischen
dialekt und dialektik ausmacht.

we feel   ear on knee   meat   joy club pen

four bye   fan stare shy ben   red ten   hyde air kite

fly sick   fair beat ten   blue men   shoe blood lare

blue tick   fair care   aircanned   sell ten hyde

---

shout hair

poly und ester

war'n wie bruder und schwester

vita und min

hatten nur eines im sinn

pater und noster

taten's nur im kloster

nur dich o tomie

sah man dabei nie

verbindlich

wenn eine unterhose schmutzig ist,

springt eine andere für sie ein

so macht man das unter hosen.

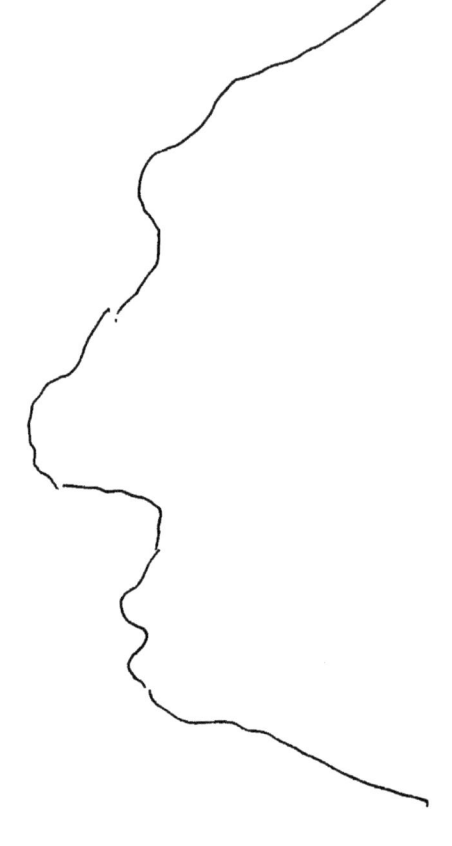

NEANDERTAL

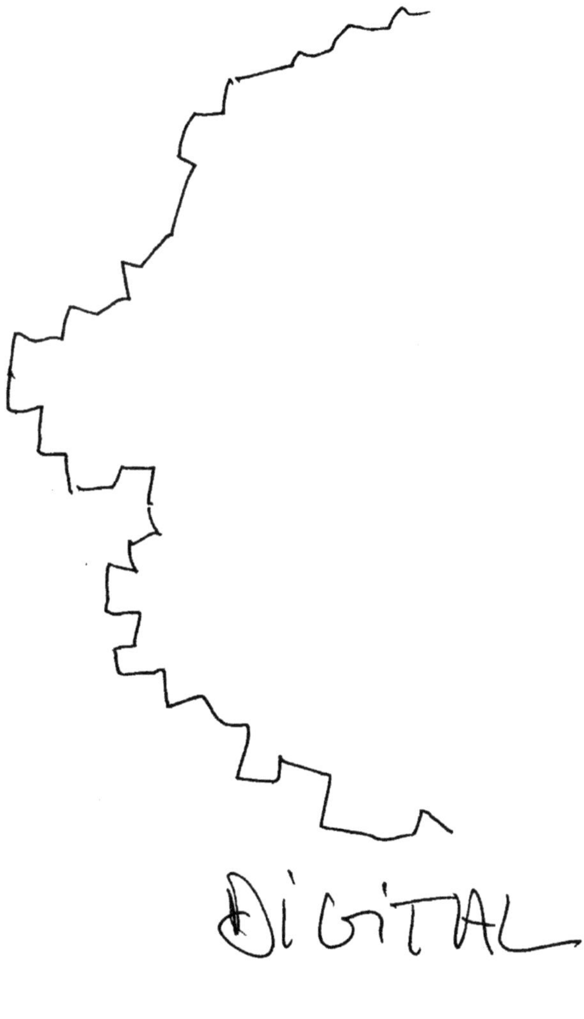

DiGiTAL

Ich habe immer
Platzangst

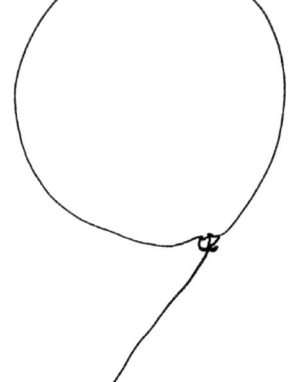

Ja! Bei mir ist
auch irgendwie
die Luft 'raus

Russisches
Känguruh

er wollte meinen Kopf – da bot ich ihm die stirn

er sagte: „was soll ich mit deiner stirn und überlege,

was machst du, wenn du keine stirn mehr hast?

der wind würde dir ständig dreck ins hirn blasen, du

hättest nur noch schmutzige gedanken."

er hatte recht ... wie kopflos von mir.

„herr doktor, darf ich sie mal fragen,

ist es schlimm, wenn ich seit tagen

beim husten immer eiter spucke,

auf dem boden lieg' und zucke,

und dann spritzt blut aus meinen ohren,

schwarzer talg verklebt die poren?"

„was sie da sagen, lieber mann,

das hört sich höchst bedenklich an.

sie steh'n mit einem bein im grab."

„na, dann bin ich froh, dass ich das nicht hab'!"

wenn autofahrer träumen

von bäumen, die die straße säumen

können sie es leicht versäumen

sich gegen's träumen aufzubäumen

die feuerwehr, die muss dann räumen

wenn's brennt, muss sie die straße schäumen

dann kann man sehen, dass es stimmt!

dass träume wirklich schäume sind

träume sind schäume

es gibt neben dem gewöhnlichen NICHTS

das klare ÜBERHAUPTNICHTS

das kategorische ABSOLUTNICHTS

und das allzeit beliebte geschmacklose GARNICHTS

(letzteres muss allerdings vor verwendung gekocht

werden, da es sonst nicht GAR ist)

gedanken sollten immer in bewegung sein.

wenn sie aber einmal still stehen,

muss man sie unverzüglich auffordern:

„geh! danke!"

gedanken

und dann kam jesus, wie versprochen, auf die erde zurück. er kam in voller besetzung, inklusive aller jünger. sie waren nicht jünger geworden, denn sie waren noch immer die alten; dennoch waren sie noch gut beieinander.

man war im kempinski abgestiegen und machte sich gedanken.

petrus, der so etwas wie der tourmanager und PR-stratege war, meinte: „wir brauchen das, was sie heute event nennen. am besten ein eröffnungs- oder erweckungswunder."

„wie wär's mit überwassergehen?", fragte jesus.

petrus zeigte mit einer lakonischen bewegung zum fenster: „das macht zurzeit fast jedes kind."

jesus schaute durchs fenster auf den zugefrorenen see.

„wie machen sie das? und sie sind schneller als ich mit diesen dingern an ihren füßen."

„schlittschuhe", murmelte petrus.

„hä?!"

„das sind schlittschuhe. sie funktionieren nur, wenn der see zugefroren ist."

„ja, aber dann geht das nur zur winterzeit, wenn es schneit!", sagte das christuskind.
mit der fernbedienung machte petrus den fernseher an
„herrje! was ist das?", rief der herr,
„die sind ja noch schneller!"
„wasserski! man nennt es wasserski."
„also gut, kein überwassergehen."
es folgte eine hitzige diskussion, bei der auch interessante vorschläge, wie zum beispiel blinde wieder sehend machen, abgelehnt wurden. man war ganz einfach der ansicht, dass sich dann die fußballschiedsrichter diskriminiert fühlen könnten. außerdem wäre die aktion nicht sichtbar genug. „lahme sollen wieder gehen!", riefen alle wie aus einem mund.
„das ist die lösung, meister!"und so geschah es.
am nächsten abend saß jesus mit seinen jüngern beim abendmahl. die stimmung war gut. hunderttausende von faxen und e-mails mit begeisterten dankesgrüßen waren eingegangen. es war feierlaune am abend angesagt. es wurde gelacht und gescherzt. als der

kellner eine flasche spätburgunder entkorkte, rief
jesus, schon leicht beschwipst: „lass nicht jeden kelch
an mir vorüber gehen!"
schallendes gelächter. da drang infernalischer lärm von
der straße herauf. der messias schaute judas an. er hatte
ihm seine kleine illoyalität längst verziehen, konnte sich
allerdings kleine sarkastische sticheleien nicht ganz
verkneifen.
„judas, verrrrraat mir! (dramatische kunstpause), was ist
da unten los?"
judas murmelte etwas unverständliches in seinen bart,
das so ein bisschen nach, „ich weiß schon, warum ich dich
damals verraten habe", klang.
„eine demonstration!" sie stürzten zum fenster. tausende
hatten sich vor dem hotel versammelt und hielten plakate
und spruchbänder in die höhe.
„das ist die höhe!", schimpfte der herr.
„der herr macht wunder, wie famos – und wir sind unsren
job los!"

*jesus v. nazareth (bildmitte) mit seinen jüngern
bei der ersten pressekonferenz*

aufgebrachte vertreter der rollstuhlfabrikanten und

krückenhersteller und artverwandten branchen

skandierten:

„du gehst über wasser – uns steht's bis zum hals!"

„unverfrorenheit!", rief jesus.

aus dem radio jubilierte der alte schlager „wunder

gibt es immer wieder, heute oder morgen können sie
gescheh'n".

jesus war sauer. „mach die kiste aus! es ist zum
kotzen!".

und er brach das brot.

DAS GÜLTIGE SOLLTE UNS GLEICH GÜLTIG SEIN,
DAS UNGÜLTIGE GLEICHGÜLTIG

DAS UNGEFÄHRE IST MEIST UNGEFÄHRLICHER,
ALS DAS FAIRE

NICHT JEDER, DER TOLL AUSSIEHT, WENN ER
WÜTEND IST, IST GLEICH TOLLWÜTIG

WER ABSTAND HÄLT, IST OFT DICHTER AN DER
WAHRHEIT (dichter sollten allerdings nicht zuviel
abstand von der wahrheit haben)

sie fühlt sich elend. war das das ende? sie gab sich keinen illusionen hin. nichts dauerte ewig, das leben war dafür das beste beispiel.

sie spürte, wie sie langsam auseinanderbrach ... auseinanderbrechen – das hatte sie oft gehört, als sie noch jung war – ist das ende ...

aber wenn man jung ist ... es musste eine ewigkeit her sein und trotzdem erinnerte sie sich daran, als wäre es erst gestern gewesen.

warme hände nahmen sie aus ihrer hülle, das gleißende helle licht blendete sie. kacheln! weiße kacheln. es ist verrückt, die welt draußen muss voller farben und leben sein, aber das erste was man sieht, sind weiße kacheln.

sie lag nackt da und fror. sie spürte die spitzen noppen der gummiunterlage, die sie kitzelten. dann wurde es dunkel, sie wartete mit angst, aber auch mit einem angenehmen prickeln auf die abenteuer, die auf sie warteten.

warme hände packten sie. weich und zugleich bestimmt hoben die hände sie hoch. und dann der schock! kaltes wasser! sie zuckte zusammen. doch dann wurde das wasser wärmer und ihre angst

seifenoper

verwandelte sich in wohlige geborgenheit. sie fühlte, wie die hände sie an einen erregend duftenden körper drückten und dann glitt sie an endlosen rundungen herab. sie spürte zwei mächtige hügel auf deren höchstem gipfel rote spitzen schimmerten. sie war wie im rausch als sie in einen dunklen dschungel tauchte und in einem engen tal wieder auftauchte.

sie war über und über bedeckt mit kleinen weißen bläschen die auf ihr funkelten. sie verlor die besinnung. als sie wieder zu sich kam, war sie glücklich. sie hatte zum ersten mal geschäumt und es war überwältigend.

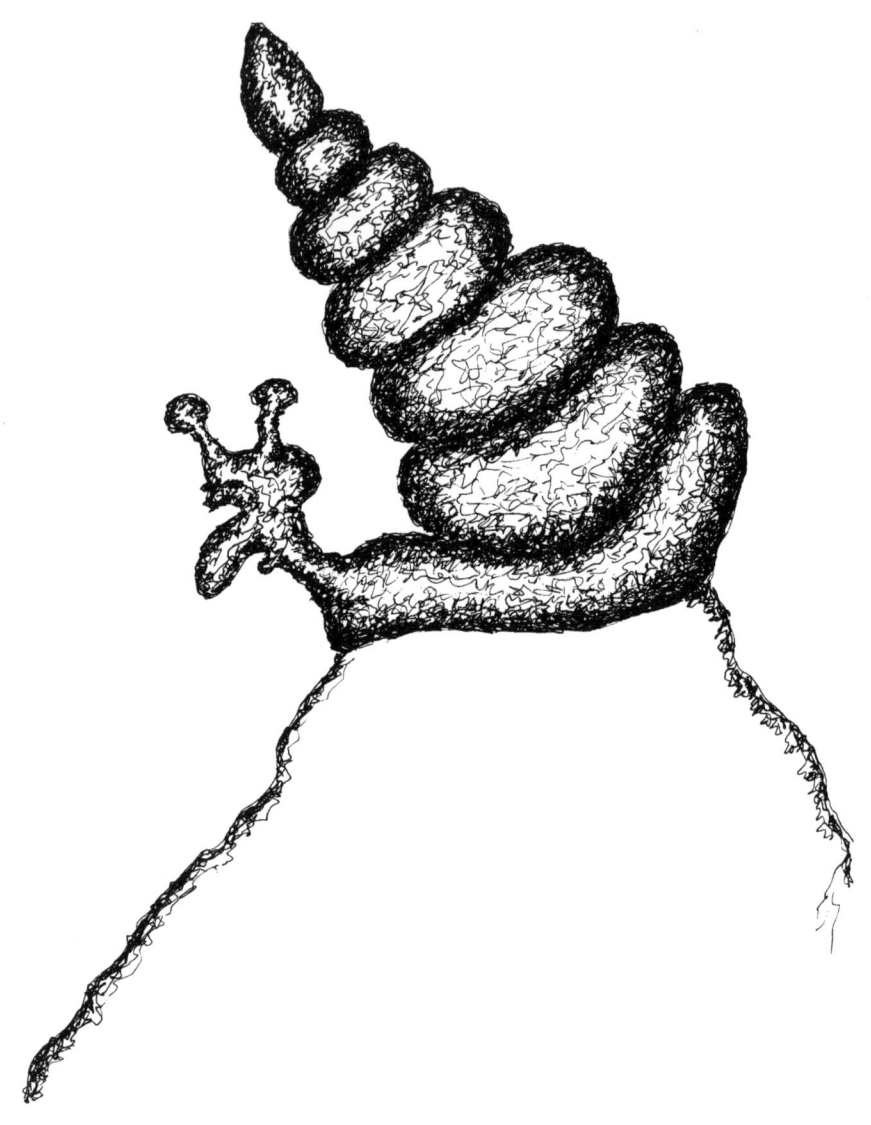

Kakerlaken Kokskaskaden

Krakenkotze Ku-Klux-Klan

Kokoskröten Kokolores

Kekskalkutta King Kong Kahn

Kratzkanister Korkenkicker

Klinkerklunker Kaffkaesk

Kalkkroketten Knickerbocker

Kamikazen Knackerklecks

Kantenkugel Knastkarnickel

Kittkloaken Kerkerklick

Kordelkrätze Kaffkollegen

Kieskarotten Küstenknick

nachdem sie meine textilien gelesen haben, sind sie
bestimmt mit mir einer meinung:
das hätte ich auch noch hingekriegt!

richtig so!!

es ist wirklich ganz einfach und vielen fehlt einfach nur
etwas grundmaterial für einen sofortigen einstieg in
die welt der dichtung.
das geheimnis sind DIE ZEICHEN, die man nur in eine
mehr oder weniger sinnvolle oder absurde reihenfolge
bringen muss.
die kleinste zelle, von der alles ausgeht ist der
sogenannte BUCHSTABE.
wenn sie nun alle buchstaben kennen, müssen sie
selbige nur noch nach ihren eigenen vorstellungen
hintereinander anordnen, sie erhalten dann WÖRTER
(wenn es bedeutende wörter sind, nennt man sie auch
schon mal WORTE).
die wörter fügen sich dann bald zu SÄTZEN, dann zu
ABSÄTZEN und wenn irgendwann daraus ein
erfolgreiches BUCH wird zu gigantischen
ABSATZZAHLEN.

hier nun als praktische hilfe das basismaterial für ihr eigenes dichterisches schaffen:

ABCDEFGHIJKLMNOPQRSTUVWXYZ1234567890.,-!?"():;

„hier nun auch der kreative freiraum für ihr erstes werk ..."

wer schreibt bleibt

auch ich schrieb

und blieb

nie lang an einem ort

ging immer wieder fort

nur die orte blieben

obwohl sie niemals schrieben